To order additional copies of this book, contact:
Xlibris
1-888-795-4274
www.Xlibris.com
Orders@Xlibris.com

Translation by Jean R. Ladouceur
Illustrations by Ayin Visitacion

ISBN: Softcover   978-1-7960-8384-2
        Hardcover   978-1-7960-8385-9
        EBook   978-1-7960-8383-5

Print information available on the last page

Rev. date: 01/17/2020

Lady Lia's
Pikliz

Inspired by a true story.

ENGLISH/HAITIAN CREOLE

by

Jennyfer Ladouceur

Translation by Jean R. Ladouceur
Illustrations by Ayin Visitacion

Lady Lia loves to smile at the sun,

while she prepares for her day of fun.

(Créole Translation below)

Madam Lia renmen souri ak solèy la,

pandan lap préparé pou yon

jounen ak kè kontan.

Lady Lia loves packing up her pikliz van,

with her family who are
her number one fans.

(Creole Translation Below)

*Madam Lia renmen chagé
machin pikliz li,*

ak fanmil, ki sé prémié fanatik li.

Lady Lia is ready for the road,

so she can sell her jars of pikliz loads.

(Creole Translation Below)

Madam Lia paré pou pran rout la,

pou alé van paket bokal pikliz li yo.

Lady Lia is a Haitian
woman with a dream,

with hopes of her special pikliz
making it mainstream.

(Creole Translation Below)

*Madam Lia sé yon fam
Ayisyen ki gen yon reve,*

*li éspéré pikliz espesyal li
fèya ap dominé tout koté.*

Lady Lia delivers her pikliz jars,

to her customers who
she calls her stars.

(Creole Translation Below)

Madam Lia delivré bokal pikliz li yo,

bay kliyan lyo kéli rélé zétwal li yo.

Lady Lia delivers to market stores...

(Creole Translation Below)

Madam Lia délivré nan maket ak boutik...

and she never forgets the poor.

(Creole Translation Below)

Et li pajam bliyé pov ak moun kinan bézwen.

Lady Lia finds joy in giving,

which is also her purpose in living.

(Creole Translation Below)

Madam Lia, dam pikliz la,

Li remen bay avek jwa;

e sé pousa moukwé Li eksisté.

Acknowledgement

There is nothing like Haitian Cuisine, and our distinctive flavor has been celebrated by many, especially our famous "Pikliz." Pikliz is a well-known traditional Haitian Hot slaw that is typically served as a side-dish. It is a combination of cabbage, carrots, hot peppers, vinegar, and onions. My mother, Cricilia Ladouceur has always been known for her cooking, but her special pikliz put her on the map in South Florida. Her heroic journey on how she transitioned from working for others to manufacturing her own condiments is what inspired me to write this book. Learning about different cultures is essential, and developing a cultural self-awareness at a young age can influence the way children view the world. Furthermore, closing that culture gap by educating on culture differences is not only important, but beneficial.

This book is written in English with Haitian-Creole Translation.

"Have I not commanded you? Be strong and courageous.
Do not be terrified; do not be discouraged, for the Lord
your God will be with you wherever you go" (Joshua 1:9)

Pa gen anyen ki tankou kwizin ayisyen, e gou diferan nou yo selebre pa anpil, espesyalman pi popilè nou yo "Pikliz." Pikliz se yon popilè tradisyonèl slaw ayisyen cho ki se tipikman sèvi akoté. Yo fel ak chou, kawòt, piman cho, vinèg, ak zonyon. Manman m ' Cricilia Ladouceur toujou popilè pou jan li kwit manje li, men pikliz espesyal li mete l' sou kat jeyografik la nan Sid Florid la. Yon voyage vayan fam sa-a nan fason li chagé travay ak moun invaté pwòp kondiman é creyé prop antréprise li. Sé sa ki enspire m 'nan ekri liv sa a. Aprann sou diféran kilti sé esansyèl, ak devlope yon kiltirèl pwòp tèt ou-konsyans nan yon laj jèn kapab enfliyanse fason timoun yo wè mond lan. Diférans se pa sèlman enpòtan, men benefisye).

Liv sa a ekri an Angle avèk Tradiksyon Kreyòl Ayisyen.

"Èske mwen pa kòmande où ? Se pou ou fò ak vanyan
gason. Pa pè ; pa dekouraje, paske Senyè Bondye w
la ap avèk ou tout kote ou prale " (Jozye 1 : 9)